Zahlensymbolik für Anfänger

Arten der Symbolik, Varianten, Bedeutungen und Anwendungen

Kontakt: www.HarryEilenstein.de / Harry.Eilenstein@web.de
Herstellung und Verlag: BoD- Books on Demand, Norderstedt
ISBN: 9783750493537

Inhaltsverzeichnis

I Die vier Typen der Zahlensymbolik

Zahlensymbolik ist oft eine eher schwammige Angelegenheit: Die Deutung einer Zahl ist nicht immer gleich; es ist auch immer klar, wann eine Zahl eine Bedeutung hat und wann nicht; manchmal fühlt sich die Zahlenmystik arg nach Weltflucht und mangelnder Erdung an; bei manchen Menschen artet das Beachten der Zahlen in Zwanghaftigkeit aus … Es gibt so manche Gründe, sich nicht mit der Zahlensymbolik zu befassen.

Aber man sollte bei der Bildung eines Urteils über eine Sache vorsichtig sein, damit man nicht das Kind mit dem Bade ausschüttet. Daher könnte eine sorgfältige Betrachtung der Zahlensymbolik förderlich sein.

Das erste, was dabei auffällt, ist, daß im allgemeinen garnicht danach geschaut wird, warum eine Zahl eine bestimmte Bedeutung hat. Es gibt vier verschiedene Wurzeln der Zahlensymbolik, die auch etwas über die Verläßlichkeit einer Symbolik aussagen.

Und manche Zahlen haben sogar gleich mehrere „zuverlässige Bedeutungen" …

I 1. Die natürliche Zahlensymbolik

Es gibt einige Zahlen, die eine gut gesicherte Bedeutung haben, da sich diese Bedeutung an so unterschiedlichen Stellen wie in der Physik und in der Astrologie wiederfindet. Zu dieser Art von Zahlen gehören z.B. Polaritäten, Winkel, Rhythmen u.ä. Größen.

Von diesen Zahlen sollte man annehmen können, daß sie verläßlich sind – bei ihrer Deutung in Omen, bei ihrer Anwendung in der Magie und bei ihrer Benutzung als Hinweis auf bestimmte Qualitäten in der Forschung. Diese Zahlen sollten das Fundament einer jeden zuverlässigen Zahlensymbolik bilden.

Eine sichere, natürliche Symbolik haben allerdings nur die Zahlen „1", „2", „3", „4", „6" und „12" – wobei sich die Symbolik der „12" zwar aus der Symbolik der „3" und der „4" ergibt, aber trotzdem eine eigenständige Qualität hat.

I 2. Die traditionell-mythologische Zahlensymbolik

In der Mythologie entwickeln sich oft bestimmte Zahlen aus anderen Zahlen – sie haben also eine sekundäre Symbolik, die erst von Menschen erschaffen worden ist.

Dazu gehört z.B. die „9", die auf die „8" folgt, die in fast allen alten Kulturen die vollkommene Zahl gewesen ist – die „9" ist also die Zerstörung der „8" und somit die Zahl des Todes. In späterer Zeit ist die „8" von der „12" als vollkommene Zahl abgelöst worden – wodurch dann „13" zur Todeszahl geworden ist.

In manchen Kulturen wie z.B. bei den Germanen ist die Multiplikation einer Zahl mit „100" dazu benutzt worden um das Größte in dem Bereich, zu dem die Zahl, die mit „100" multipliziert worden ist, gehört. So stellt z.B. die „900" das Größte in dem Bereich der „9" dar – die Jenseitsgöttin im Totenreich, die daher manchmal „900 Köpfe" hat.

In der Mythologie sind Zahlen z.T. wie Adjektive benutzt worden: Die „neun Welten" unter dem Weltenbaum sind z.B. ganz schlicht das eine Totenreich – und nicht neun verschiedene Unterwelten.

I 3. Die System-Zahlensymbolik

Es gibt eine ganze Reihe von magisch-mythologischen Systeme, deren Elemente durchnummeriert worden sind: die Karten des Tarot, die Hexagramme des I Ging, die Sephiroth des kabbalistischen Lebensbaumes, die sieben klassischen Planeten usw.

Es gibt auch einige Systeme, in denen jeder Buchstabe einen Zahlwert hat wie z.B. in der jüdischen Gematria, wodurch jedes Wort eine bestimmte „Summe" hat. Diesem System zufolge haben Worte mit gleicher Buchstaben-Zahlsumme auch gleiche Qualitäten. Die bekannteste Zahl aus diesem System ist die Zahl „666", die ursprünglich die Sonnenzahl gewesen ist, aber in der Johannesoffenbarung zur Zahl des Gottes-Feindes geworden ist.

Es gibt auch in heutiger Zeit vereinzelt systematische Zahlensymboliken – z.B. in der Architektur: „00" bedeutet „Toilette".

Schließlich haben noch die verschiedenen Zahlensysteme die Symbolik der für dieses System wichtigen Zahlen geprägt:

In dem altsteinzeitlichen Binärsystem haben die 1, die 2, die 4 und die 8 eine Bedeutung;

in dem Dezimalsystem haben die 10, die 100 und die 1000 eine Bedeutung; und

in dem Duodezimalsystem haben die 12, die 144 usw. eine Bedeutung.

Diese Zahlen finden sich als Symbolik vor allem in der Mythologie.

I 4. Die individuelle Zahlensymbolik

Schließlich gibt es noch die individuelle Zahlensymbolik. Sie entsteht auf zwei Weisen, die jedoch eng miteinander verwandt sind.

1. Wenn man (wie ich) am 8.8. geboren worden ist, wird man eine assoziative Verbindung zur „8" haben – eine Freundin von mir, die am 9.9.1999 geboren worden ist, hat eine solche Verbindung zur „9".

Die Zahlen, die in dem eigenen Leben an irgendeiner Stelle eine prägende Rolle gespielt haben, gehen sozusagen in den Assoziations-Bilderschatz des eigenen Unterbewußtseins über und werden dadurch zu einem Teil der eigenen individuellen Symbolik, die eben auch Zahlen enthalten kann.

2. Wenn man sich intensiver mit Zahlensymbolik befaßt, wird man für die eine oder andere Symbolik eine Vorliebe entwickeln – für die jüdische Gematria, für die Zahlen der Hexagramme des I Gings, für die Nummern der Tarot-Karten, für die Binär-Zahlensymbolik aus der Altsteinzeit, für die jüdische Gematria, für die nordgermanische Zahlensymbolik, für die Zahlen des Maya-Kalenders – es steht eine reiche Auswahl zur Verfügung.

Aus diesen beiden Quellen speist sich dann die individuelle Zahlensymbolik, aufgrund derer man z.B. „Zufälle" als Omen deuten kann oder die man in der Magie als Analogiesystem verwenden kann.

Für einen selber ist dieses individuelle System von großer Wichtigkeit – bei der Kooperation mit anderen muß man sich allerdings auf ein System einigen, das man gemeinsam verwendet. Zum Glück gibt es jedoch auch einige Zahlen, die in mehreren Systemen dieselbe Bedeutung haben.

I 5. Ergebnis: verschiedene Symboliken

Entsprechend der sehr unterschiedlichen Herleitung der Symbolik der Zahlen findet sich vor allen bei den kleinen Zahlen unter 10 ab und zu eine weitgehende Einheitlichkeit der Symbolik – z.B. weil die „2" ein Paar oder eine Gegensatz-Ergänzung ist.

Insbesondere bei den aus einem System abgeleiteten Zahlensymboliken finden sich hingegen sehr unterschiedliche Bedeutungen der Zahlen.

II Die Anwendung der Zahlensymbolik

Zunächst einmal helfen die Zahlen beim Verstehen einer Situation – allgemein durch die Zahlen mit natürlichen Eigenschaften sowie bei Omen und Orakeln durch die traditionellen und systematischen Bedeutungen der Zahlen. Dabei sind natürlich die individuellen Assoziationen zu den Zahlen von großer Bedeutung, weil sie letztlich das „Gewand" sind, daß jegliche Zahlensymbolik für den betreffenden Menschen trägt.

Weiterhin können die Zahlen auch innerhalb eines Systems, das eine Zahlensymbolik besitzt, bei der Orientierung helfen.

Man kann anhand der Zahlen auch Analogien zwischen zwei Bereichen ausfindig machen.

Schließlich kann man die Zahlen auch aktiv in der Magie benutzten – z.B. beim Herstellen von Talismanen u.ä.

In der abendländischen Magie sind von den Zahlen der Planeten Zahlenquadrate mit der Seitenlänge des betreffenden Planeten abgeleitet worden: Zum Saturn gehört ein Zahlenquadrat von 3·3=9 Feldern, zum Jupiter ein Zahlenquadrat von 4·4=16 Feldern, zum Mars eins mit 5·5=25 Feldern usw. bis zum Mond, zu dem ein Zahlenquadrat mit 9·9=81 Feldern gehört.

Die Zahlen sind in diesen Quadraten so angeordnet, daß sich in jeder Zeile, Spalte und Diagonale dieselbe Summe findet. In dem Quadrat des Saturn stehen die Zahlen von 1 bis 9, in dem des Jupiter die von 1 bis 16, in dem des Mars die von 1 bis 25 usw. bis zu dem des Mond mit den Zahlen von 1 bis 81.

Anhand der Zahlenwerte der Buchstaben in einem Wort lassen sich diese Worte in einem Zahlenquadrat als Linien darstellen: Man zieht von dem Feld, in dem die Zahl steht, die dem ersten Buchstaben des Wortes entspricht, eine Linie zu dem Feld, in dem die Zahl steht, die dem zweiten Buchstaben des Wortes entspricht usw.

Insgesamt wird die Zahlensymbolik jedoch wesentlich öfters für die Deutung von Omen und Orakeln benutzt als für die Magie.

III Die Zahlen

Die „0"

a) natürliche Symbolik der „0"

Das, was in der materiellen Welt da ist, ist mindestens „1", aber nicht „0", denn dann wäre es nicht da …

Also kommt für die „0" nur der Zustand vor dem Urknall infrage – und evtl. die Schwarzen Löcher (von denen sich eins oder mehrere in dem Zentrum fast jeder Galaxie befinden) da der Raum und die Zeit in dem Schwarzen Loch völlig von dem Raum und der Zeit in dem Rest des Weltalls abgeschnitten sind.

b) traditionell-mythologische Symbolik der „0"

Der „Narr" aus dem Tarot symbolisiert den Narr aus Unerfahrenheit, den Narr aus Dummheit und den weisen Narr.

In der Kabbala entspricht die „0" in etwa dem „Ain Soph Aur" (grenzenloses Licht), das vor der Schöpfung gewesen ist. Dieses Konzept wird auch „die drei Schleier der negativen Existenz" genannt.

c) System-Symbolik der „0"

Die „0" wurde um ca. 400 v.Chr. von den Indern erfunden, um Leerstellen in einer Zahl schreiben zu können – sonst hätte man „1030" und „13" nicht unterscheiden können. Die „0" wurde auch von den Babylonier verwendet (allerdings nur selten) und ebenso von den Ägypten, die die „0" mit der Hieroglyphe für „nein, nicht, nichts" geschrieben haben.

Eine Symbolik der „0" ist aus dieser Zeit nicht bekannt.

Die „1"

a) natürliche Symbolik der „1"

Die „1" stellt natürlicherweise den Anfang, die Quelle und den Ursprung dar und ist somit auch die Zahl, die auf logische Weise Gott symbolisieren kann.

Da das Bewußtsein letztlich eine Einheit ist, das sich in den einzelnen Menschen lediglich durch die Bewußtseinsgrenzen von dem Bewußtsein anderer Menschen abgegrenzt hat, kann man auch das Bewußtsein mit der „1" symbolisieren.
Daß die Einheit des Bewußtseins aller Menschen, Lebewesen und Dinge wirklich real ist, kann man anhand der Telepathie und der Telekinese und auch anhand der Existenz des kollektiven Unterbewußtseins sehen.

Die Gravitation ist die ursprünglichste aller Kräfte. Sie ist einpolar, d.h. alle Materie und alle Energie zieht sich gegenseitig durch die Schwerkraft an – die Schwerkraft macht deutlich, daß die Welt eine Einheit ist.

Die Singularität, also der Urknall, ist die deutlichste „1" in dem physikalisch-astronomischen Weltbild.

In der Astrologie wird der 0°-Winkel zwischen zwei Planeten „Konjunktion" genannt. Dieser Aspekt ist wie eine Ehe, eine Einheit, eine Verschmelzung der beiden Planeten, die einen Abstand von 0° haben.

In der Psychologie entspricht die orale Phase der Symbolik der „1": Das Baby lebt in einer Symbiose mit seiner Mutter – in einer Einheit. Noch deutlicher als für das erste Lebensjahr eines Kindes gilt dies natürlich für die Schwangerschaft selber.
Diese Phase entspricht der Altsteinzeit, in der die Menschen als Teil der Natur in der Natur gelebt haben.

b) traditionell-mythologische Symbolik der „1"

Es gibt erstaunlich wenig traditionelle Symbolik zu der „1" – möglicherweise bleibt sie einfach unausgesprochen, weil sie selbstverständlich ist.

Diese „1" erscheint z.B. im Schwitzhütten-Mandala in der Mitte als Wakan Tanka („Großes Geheimnis"), aus dem alle Dinge entsprungen sind und das das Leben in allen Dingen ist. In den sechs Richtungen um die Mitte herum sind im Osten die Schlange, im Norden der Bär, im Osten der Adler, im Süden die Büffelfrau, oben Großvater Himmel und unten Großmutter Erde.

Generell ist das Zentrum aller Mandalas eine Entsprechung zu der Zahl „1".

Der „Magier" aus dem Tarot symbolisiert die Initiative und die Gründung.

Die Rune „Fehu" symbolisiert den Wohlstand, der damals der wörtlichen Übersetzung von „Fehu" entsprach: Vieh.

Auf dem ägyptischen Zollstock (der „Königs-Elle") wird die „1" durch den Sonnengott Re symbolisiert.

Der hebräische Buchstabe „Aleph", der für die „1" steht, stellt einen Stierkopf dar.

c) System-Symbolik der „1"

In der Grammatik ist der Singular die „1".

Im kabbalistischen Lebensbaum ist die Sephirah „Kether" der Ursprung aller Dinge, die allem zugrundeliegende Einheit – Gott.

Das Tao der Chinesen entspricht der „1": Das Tao ist der Ursprung aller Dinge.

Im I Ging hat das Hexagramm „Ki'en (Chi'en)" die Bedeutung „Himmel". Damit ist das schöpferische Prinzip gemeint.

Die „2"

a) natürliche Symbolik der „2"

Die „2" hat zwei deutlich unterscheidbare Symboliken: die Expansion und den Gegensatz.

Expansion

Die „2" ist der Punkt, von der ein Strahl ausgeht, also eine Expansion. Im großen Stil gab es diesen Zustand in den ersten 10^{-32} Sekunden nach dem Urknall. Diese Phase wird „inflationäres Weltall", also „sich aufblähendes Weltall" genannt, weil sich das Weltall in dieser kurzen Zeit mit der 10^{52}-fachen Lichtgeschwindigkeit auf die 10^{26}-fache Größe wie zuvor ausgedehnt hat. Das ist die größte „Explosion" gewesen, die es jemals gegeben hat.

Gegensatz

Die zweitälteste Grundkraft nach der Gravitation ist die elektromagnetische Kraft. Sie ist zweipolar, d.h. sie kommt als „+" und als „–" vor. Gleiche Pole stoßen sich ab, ungleiche ziehen sich an, die Summe zweier gleichgroßer „+"- bzw. „–"-Ladungen ergeben „0", d.h. den neutralen Zustand.

In der Astrologie findet sich diese Zweipolarität bei dem Aspekt der Opposition, bei dem zwei Planeten in einem 180°-Winkel zueinander stehen – also genau gegenüber.

Das Wesen der Opposition ist die Schaukel, die Schwingung, die Welle, das Hin und Her, der Wechsel, der Rhythmus, der Zyklus …

Die grundlegendste Form des Ergänzungs-Gegensatzes sind die beiden Seiten der Welt: die Innenseite des Bewußtseins und die Außenseite der Materie und Energie.
Das Bewußtsein ist letztlich eine Einheit und daher frei: Es gibt nichts zweites, was die Einheit beeinflussen könnte.
Die Materie ist eine Vielheit und daher träge, weil sich alle Teile gegenseitig beeinflussen: Daraus ergeben sich die Naturgesetze.
Die Welt ist also innen frei und außen träge – weshalb jeder Mensch kreativ sein kann.

b) traditionell-mythologische Symbolik der „2"

Das Prinzip der Gegensatz-Ergänzung findet sich in sehr vielen Bereichen.

Die älteste Variante ist vermutlich das Diesseits und das Jenseits. Das chinesische Yin und Yang hat ursprünglich auch das Diesseits und das Jenseits bezeichnet.

Auch „Bewußtsein und Materie" dürften schon ein sehr altes Konzept sein – ursprünglich vermutlich als „Leib und Seele".

In einer Schwitzhütte stellt das Oben die Verantwortung von Großvater Himmel und das Unten das Vertrauen von Großmutter Erde dar.

Der Westen steht für den Blick auf das Kleine durch die Schlange und der Osten für den Blick auf das Große durch den Adler.

Der Norden verkörpert den Egoismus und die Selbstbehauptung durch den Bären und der Süden die Erschaffung der Gemeinschaft und der Geborgenheit durch die Büffelfrau.

Eine deutlich spätere Gegensatz-Version ist „Gott und Teufel", wobei der Teufel das Böse in der Welt erklären sollte.

Die „Hohepriesterin" aus dem Tarot symbolisiert die Stille und die Meditation.

Die Rune „Ur" symbolisiert die Heilung.

Auf dem ägyptischen Zollstock (der „Königs-Elle") wird die „2" durch Ma'at, die Göttin der Richtigkeit, symbolisiert.

Der hebräische Buchstabe „Beth", der für die „2" steht, stellt ein Haus dar.

Die anale Phase, die auf die orale Phase folgt, ist auch von einem Gegensatz geprägt: angenehm – unangenehm; vertraut – fremd; haben wollen – vermeiden wollen usw.

In der Jungsteinzeit, die der analen Phase entspricht, erscheint dieser Gegensatz als Korngott und Wildnisgott.

Der Rhythmus des ewigen Wechsels findet sich in der Jungsteinzeit als der Wechsel der Jahreszeiten im Ackerbau.

In der analen Phase ist der Rhythmus in der Wichtigkeit des geregelten, verläßlichen rhythmischen Tagesablaufs für das Kind wiederzufinden.

c) System-Symbolik der „2"

In der Grammatik so gut wie aller alten Sprachen gab es neben dem Singular und dem Plural auch noch den Dual, also die „Zweizahl". Der Dual wurde für die Augen, die Ohren, die Arme, die Beine, für ein Paar, für Mann und Frau, für die beiden Panther-Statuen neben dem Tempel-Eingang u.ä. verwendet. Der Dual hat wie der

Singular und der Plural eine eigene Endung gehabt.

Im kabbalistischen Lebensbaum ist die Sephirah „Chokmah" zum einen die ungehinderte Expansion, der hemmungslose Selbstausdruck und zum anderen die „Vision Gottes von Angesicht zu Angesicht".

Im I Ging hat das Hexagramm „Kun" die Bedeutung „Erde". Sie ist das Passive, Empfangende.

Die Zahl „e"

a) natürliche Symbolik der Zahl „e"

Die Zahl „e" hat die Größe „2.71828182846…". Sie ist die Grundlage der e-Funktion, also aller Wachstumskurven. Man sollte diese Zahl also in allen Symboliken vermuten, in denen es um Wachstum und die Vermehrung von etwas geht. Sie wird jedoch in aller Regel nicht für diesen Zweck benutzt.

Die „3"

a) natürliche Symbolik der „3"

Die „3" hat drei deutlich unterscheidbare Symboliken: den Zusammenhalt, den Gegensatz und seinen Rhythmus sowie die Entwicklung.

Es fällt auf, daß die „1" eine einzige natürliche Symbolik hat, die „2" zwei natürliche Symboliken und die „3" drei natürliche Symboliken.

Zusammenhalt

Die dritte Grundkraft ist die Starke Wechselwirkung, die auch „Farbkraft" genannt wird. Sie ist dreipolar, d.h. die Teilchen („Quarks), von denen diese Kraft („Gluonen") ausgeht, kommen in drei verschiedenen Qualitäten vor, die man zur Veranschaulichung „rot", „blau" und „gelb" genannt hat. Gemeinsam ergeben diese drei Qualitäten („Farben") dann den neutralen Zustand – in der Farb-Analogie also „weiß".

Die drei Quarks werden in einem Proton bzw. in einem Neutron durch die Gluonen so fest zusammengehalten, daß man sie nicht trennen kann. Wenn man dies versucht, muß man so viel Energie aufwenden, daß sich diese Energie schließlich aufgrund von „$E=mc^2$" in drei weitere Quarks verwandelt – woraufhin man keine einzelnen Quarks, sondern zwei Quark-Dreiergruppen statt nur einer hat …

Diese Qualität des Zusammenhalts findet sich in der Astrologie in dem Trigon-Aspekt, der zwei Planeten in einem Winkel von 120° verbindet.

In dem triklinen Kristallgitter stehen die Ionen in einem Abstand von 120° zueinander. Diese Kristalle haben in der Steinheilkunde die Qualität des Zusammenhalts und der Integration und daher auch der Standfestigkeit und der Aufrichtigkeit.

In der phallische Phase (ab 3 Jahre) lernt das Kind „Ich" zu sagen. Durch die Geborgenheit in der oralen Phase („Ja") und die Unterscheidung und Ablehnung in der analen Phase („Nein!") hat das Kind gelernt, sich selber als das Zentrum seiner Welt zu erkennen und seinem Willen zu folgen („Ich!!!").

Das Kind hat seine Psyche integriert – was ganz der Farbkraft und dem astrologischen Trigon entspricht.

Die historische Entsprechung zur phallischen Phase ist das Königtum mit dem Monotheismus und der Philosophie: Alles wird von einem Zentrum her gelenkt.

Gegensatz und Rhythmus

Die „3" kann auch ein Gegensatz und der sich daraus ergebende Rhythmus sein.

Das bekannteste dieser Systeme ist vermutlich die Dreigliederung von Rudolf Steiner, der als Pole die Expansion („Luzifer") und die Kontraktion („Arhiman") benutzt hat, aus denen sich dann ein rhythmisches System ergibt („Christus").

Dieses Strukturprinzip findet sich auch in einigen Kornkreisen wieder. Diese Kornkreise bestehen im Zentrum aus einem großen Kreisring, in dem die Energie pulsiert.

Dieser Kreisring wird von einer Geraden in zwei gleichgroße Hälften geteilt. An den beiden Stellen, an denen diese Gerade an dem Kreisring endet, befindet sich jeweils ein kleiner Kreis – der eine von ihnen ist eine Kreisfläche, die sich weitend und wie ein Berg anfühlt; die andere von ihnen ist ein Kreisring, der sich zusammenziehend und wie eine Höhle anfühlt.

Diese beiden äußeren Kreise sind die beiden Pole, die die Energie in dem mittleren, großen Kreisring fließen und pulsieren lassen.

Ohne den großen Kreisring, also nur die beiden äußeren Kreise und die Gerade, ergibt sich das astrologische Symbol für die Oppostion. Man kann den großen Kreisring in diesem Zusammenhang als den Tierkreis auffassen, in dem sich dieser astrologische Aspekt befindet.

Das kühle, passive Yin und das warme, aktive Yang bilden zusammen mit dem „I" des ständigen Wandels genau dieselbe Struktur, die als das sich ewig drehende Yin/Yang-Zeichen dargestellt wird. Nach diesem Wandel („I") ist das Buch „I Ging" benannt worden: „Das Buch des Wandels".

Entwicklung

Alle Entwicklungen verlaufen in drei Schritten: die ungehemmte Expansion, die klare Struktur und der rhythmische Kontakt.

Im Tierkreis sind dies die drei Dynamiken, in denen die vier Elemente auftreten: kardinal, fix und beweglich.

Am Arm sind dies der Oberarm (allgemeine Richtung), der Unterarm (Bewegung vor Ort) und die Hand (Kontakt).

Am Bein sind dies entsprechend Oberschenkel, Unterschenkel und Fuß.

Bei den Chakren findet sich dieses Prinzip gleich sechsfach:
1. Sonnengeflecht, Hara und Wurzelchakra
2. Halschakra, Drittes Auge und Scheitelchakra
3. rechtes Oberarm-Nebenchakra, rechtes Unterarm-Nebenchakra und rechtes Handchakra
4. linkes Oberarm-Nebenchakra, linkes Unterarm-Nebenchakra und linkes Handchakra

5. rechtes Oberschenkel-Nebenchakra, rechtes Unterschenkel-Nebenchakra und rechtes Fußchakra

6. linkes Oberschenkel-Nebenchakra, linkes Unterschenkel-Nebenchakra und linkes Fußchakra

Jede Unternehmung hat diese drei Phasen: Gründung und Expansion, Strukturierung und Reglementierung, sowie langsames Wachstum und Gedeihen.

In der Psyche finden sich diese drei Phasen als Gefühl, Verstand und Wahrnehmung.

In der Welt als Ganzes finden sich diese drei Phasen als das freie agierende Bewußtsein, als der durch Analogien strukturierte Entfaltungs-Bereich (der z.B. als Horoskop sichtbar wird) und als die materielle Welt, die von den Naturgesetzen geprägt wird.

Der kabbalistische Lebensbaum ist eine differenzierte Form dieses „Dreischritts":
1. die Welt
2. das Bewußtsein (Kether, Gott), die Entfaltung und die Materie (Malkuth)
3. die Entfaltung wird wieder in drei Phasen unterteilt: Gott – Gottheiten – Seelen – Psychen – Materie
4. diese drei Entfaltungs-Bereiche werden noch einmal in jeweils drei Phasen unterteilt: Gott (Kether) – Gottheiten (Chokmah, Binah, Da'ath) – Seelen (Chesed, Geburah, Tiphareth) – Psychen (Netzach, Hod, Yesod) – Materie (Malkuth)

Eine etwas statischere Variante dieses Prinzips ist Hegels Dreiklang „These, Antithese, Synthese".

b) traditionell-mythologische Symbolik der „3"

Der Saturn wird in der westlichen Kultur auf Talismanen u.ä. traditionell auf einem Dreieck dargestellt. Dadurch wird auch das Saturn-Metall „Blei" mit der „3" assoziiert.

Die Sonne wird seit der späten Altsteinzeit (oder auch schon früher) als Kreis mit drei Beinen (der „Himmelswanderer") dargestellt: das Triskelis.

Im Christentum findet sich die „3" als die Dreieinigkeit, wobei diese drei den drei Phasen entsprechen: Gott Vater, Christus und heiliger Geist.

Die „Herrscherin" aus dem Tarot symbolisiert die Fruchtbarkeit, das Gedeihen und die Natur.

Die Rune „Thorn" symbolisiert das Schwert des ehemaligen Sonnengott-Göttervaters und Schwertgottes Tyr. „Thorn" bedeutet wörtlich „Dorn".

Auf dem ägyptischen Zollstock (der „Königs-Elle") wird die „3" durch den Erdgott Geb symbolisiert.

Der hebräische Buchstabe „Gimel, der für die „3" steht, stellt einen Kamelhöcker und somit indirekt auch ein Kamel dar.

c) System-Symbolik der „3"

Die dritte grammatische Form, die sich auf die Anzahl bezieht, ist neben dem Singular und dem Dual der Plural. Der Singular wird im der altägyptischen Hieroglyphenschrift durch einen kleinen senkrechten Strich dargestellt, der Dual durch zwei solche Striche und der Plural durch drei.

Dadurch, daß die „3" für den Plural steht, hat sich die „3" auch zu einem Symbol für „viele", für „eine lange Reihe", „für endlose Wiederholungen" und schließlich zu „Zyklus" und zu „Sonne" weiterentwickelt – die Sonne ist durch Tag/Nacht und Sommer/Winter das auffälligste Beispiel für einen Zyklus.

Daher hat die Sonnenscheibe als Himmelswanderer in Eurasien drei Beine erhalten.

Im kabbalistischen Lebensbaum ist die Sephirah „Binah" der Zusammenhalt, die Verbundenheit und die Gemeinschaft – und somit die „Große Mutter".

Im I Ging hat das Hexagramm „Chun" die Bedeutung „Schwierigkeiten am Anfang".

Die Zahl „Π"

a) natürliche Symbolik der Zahl „Π"

Die Zahl „Pi" hat die Größe „3.14159265358...". Sie gibt das Verhältnis zwischen dem Durchmesser und dem Umfang eines Kreises an. Es wäre also denkbar, sie als Symbol für Rundheit, Harmonie, Ausdehnung, Zyklus u.ä. zu benutzen – was aber meines Wissen nicht getan wird.

Die „4"

a) natürliche Symbolik der „4"

Die „4" erscheint als rechter Winkel (90° = 1/4 eines Kreises) an vielen Stellen. in der Physik ist er am deutlichsten als der stets rechte Winkel zwischen einer elektrischen Welle und der dazugehörigen magnetischen Welle zu finden. Beide Wellen erreichen abwechselnd ihr Maximum und ihr Minimum. Das Quadrat trennt diese beiden Wellen.

In der Astrologie trennt der Quadrat-Aspekt zwei Planeten, die 90° voneinander entfernt stehen. Er trennt sie, aber zugleich stellt er sie in Bezug zueinander: Das astrologische Quadrat ist wie eine Zeltstange, die die Bodenplane und die Deckenplane voneinander trennt und dadurch einen Raum aufspannt.

Dieselbe Eigenschaft findet sich in der Steinheilkunde bei dem kubischen Kristallgitter: Steine mit dieser Kristallisationsform schaffen Raum, grenzen ab, stellen Ordnung her, helfen bei der Selbstverteidigung usw.

b) traditionell-mythologische Symbolik der „4"

Die vier Himmelsrichtungen haben sich aus dem Sonnenaufgangspunkt, dem Mittagspunkt, dem Sonnenuntergangspunkt und dem Mitternachts-Punkt quasi auf eine kaum vermeidbare, natürliche Weise ergeben.
Die „4" der Himmelsrichtungen hat daher auch die Bedeutung „überall".
Die Sonne als das, mit dessen Hilfe man die vier Himmelsrichtungen erkennen kann, wurde auch selber als Kreis (Horizont) mit einem Kreuz in ihm (vier Richtungen) symbolisiert. Um das Drehen der Sonne anzudeuten, wurden die vier „Speichen" dieses „Rades" ein wenig gebogen, wodurch die Swastika entstand: das „gebogene Kreuz".

Der Jupiter wird in der westlichen Kultur auf Talismanen u.ä. traditionell auf einem Viereck dargestellt. Dadurch wird auch das Jupiter-Metall „Zinn" mit der „4" assoziiert.

Der „Herrscher" aus dem Tarot symbolisiert Herrschaft.

Die Rune „Ansus" symbolisiert die Asen, also die Götter der Germanen.

Auf dem ägyptischen Zollstock (der „Königs-Elle") wird die „4" durch die Himmelsgöttin Nut symbolisiert.

Der hebräische Buchstabe „Daleth", der für die „4" steht, stellt eine geöffnete Zelttür dar.

c) System-Symbolik der „4"

Im kabbalistischen Lebensbaum ist die Sephirah „Chesed" der höchste Bereich, in dem es eigenständige Wesen gibt – hier findet sich somit die Seele mit ihrer Erinnerung an ihre früheren Inkarnationen. In diesem Bereich kann man alle Informationen finden – alle. Daher wird dieser „Ort" auch „Akasha-Chronik" u.ä. genannt.

Im I Ging hat das Hexagramm „Meng" die Bedeutung „Jugend".

Die „5"

a) natürliche Symbolik der „5"

Möglicherweise gehört der astrologische Aspekt Quincunx zu der 5, da er die Größe von 5/12 eines Kreises, also 150° hat – das ist jedoch unsicher. Die „5" hätte dann die Dynamik des Quincunxes, also die ständige Erneuerung und Verwandlung durch das Integrieren dessen, was gerade geschieht.

Die „5" ist die kleinste ganzzahlige Größe der Hypotenuse im Satz der Pythagoras: Wenn in einem rechtwinkligen Dreieck die kleine Kathete 3mißt und die große Kathete 4cm, dann mißt die Hypotenuse 5cm ($3^2+4^2=5^2$ => $9+16=25$).

Es gibt eine Reihe von Stellen, an denen die „5" in der Natur auftritt, aber sie sind alle nicht so grundlegend wie z.B. die, an denen die Zahlen „1" bis „4" aufgetreten sind:

- Es gibt 5 platonische Körper.

- Fast alle Wirbeltiere haben 5 Finger bzw. Zehen.

- Der Seestern und seine Verwandten haben 5 Arme.

- Viele Pflanzen haben fünfblättrige Blüten und entsprechend fünfstrahlige Früchte (was sichtbar wird, wenn man die Frucht waagerecht durchschneidet).

Man hat den Eindruck, daß die „5" noch zu den Zahlen mit einer natürlichen Symbolik gehört, daß diese Symbolik jedoch ein wenig „störrisch" und nicht so leicht greifbar ist. Das würde auch dem Charakter des astrologischen Quincunx entsprechen, das sich sozusagen nicht „festnageln" läßt, sondern das eine Beziehung zwischen zwei Planeten beschreibt, die sich in ständiger Verwandlung befindet.

b) traditionell-mythologische Symbolik der „5"

Der Mars wird in der westlichen Kultur auf Talismanen u.ä. traditionell auf einem Fünfeck (Pentagon) dargestellt. Dadurch wird auch das Mars-Metall „Eisen" mit der „5" assoziiert.

In Asien gibt es die 5 Elemente Feuer, Wasser, Luft, Metall und Holz.

Das Pentagramm wird als die vier Elemente plus die Quintessenz („fünftes Element) angesehen. Die Spitze des Pentagramms wird oft auch als der Kopf des Menschen, die beiden mittleren Spitzen als seine Arme und die beiden unteren Spitzen als seine Beine aufgefaßt.

Das Pentagramm mit einer Spitze nach oben symbolisiert die Herrschaft des Geistes über die Materie und somit Gott – das Pentagramm mit einer Spitze unten symbolisiert die Herrschaft der Materie über den Geist und somit den Teufel. Das ist natürlich eine sehr spezielle, polarisierte Ansicht über die Welt, die man nicht unbedingt teilen muß.

Der „Hohepriester" aus dem Tarot symbolisiert Wissen, Kult und Magie.

Die Rune „Reid" symbolisiert den Ritt und daher auch allgemein die Reise, die Wanderung und die Fahrt mit dem Drachenschiff.

Auf dem ägyptischen Zollstock (der „Königs-Elle") wird die „5" durch den Korngott-Totengott Osiris symbolisiert.

Der hebräische Buchstabe „He", der für die „5" steht, stellt einen Mensch mit erhobenen Händen dar, der sich freut bzw. Gott anruft.

Das entspricht dem Hohepriester und teilweise auch dem Pentagramm und dem Gott Osiris.

c) System-Symbolik der „5"

Im kabbalistischen Lebensbaum verkörpert die Sephirah „Geburah" die Verwandlung und die Entwicklung und somit auch den Bereich des Karmas. In christlicher Mythologie entspricht dieser Bereich dem Fegefeuer.

Im I Ging hat das Hexagramm „Hsu" die Bedeutung „Warten", aber auch „Ernährung".

Die „6"

a) natürliche Symbolik der „6"

Die „6" und der zu ihr gehörende 60°-Winkel (1/6 von 360°) tauchen überall dort auf, wo sich viele gleiche Elemente zu einer Gruppe zusammenfügen:

- Kugeln in einem Eimer
- Protonen und Neutronen in einem Atomkern
- mehrere Monde in derselben Umlaufbahn um einen Planeten
- Ionen in einem hexagonalen Kristallgitter
- Wassermoleküle in einer Schneeflocke
- Waben im Bienenwachs
  usw.

Das entspricht dem Wesen des astrologischen Sextil-Aspekte, der zwei Planeten verbindet, die in einem Abstand von 60° zueinander stehen.

b) traditionell-mythologische Symbolik der „6"

Die Sonne wird in der westlichen Kultur auf Talismanen u.ä. traditionell auf einem Sechseck (Wabe, Hexagon) dargestellt. Dadurch wird auch das Sonnen-Metall „Gold" mit der „6" assoziiert.

Die „Liebenden" aus dem Tarot symbolisieren „Liebe", aber auch „Entscheidung".

Die Rune „Kaun" symbolisiert das Fieber und daher auch Schutz vor Krankheiten.

Auf dem ägyptischen Zollstock (der „Königs-Elle") wird die „6" durch die Mutter-göttin Isis symbolisiert.

Der hebräische Buchstabe „Vau", der für die „6" steht, stellt einen Haken dar.

c) System-Symbolik der „6"

Im kabbalistischen Lebensbaum ist die Sephirah „Tiphareth" die Seele mit ihrer Absicht für ihre derzeitige Inkarnation. Dies ist der Aspekt der eigenen Seele, den man als erstes findet, wenn man sich auf die Reise zur eigenen Mitte begibt.

Im I Ging hat das Hexagramm „Sung" die Bedeutung „Auseinandersetzung, Streit, Konflikt".

Die „7"

a) traditionell-mythologische Symbolik der „7"

Die Venus wird in der westlichen Kultur auf Talismanen u.ä. traditionell auf einem Siebeneck (Heptagon) dargestellt. Dadurch wird auch das Venus-Metall „Kupfer" mit der „7" assoziiert.

Da es sieben Planeten gibt, die mit bloßem Auge sichtbar sind (Mond, Merkur, Venus, Sonne, Mars, Jupiter, Saturn) ist die „7" schon früh zu einer Zahl geworden, die eine „vollständige Gruppe von verschiedenen Wesen oder Elementen" dargestellt hat.

Der „Siegeswagen" (Streitwagen) aus dem Tarot symbolisiert Tatkraft, Unternehmungsgeist, Eroberung u.ä.

Die Rune „Hagal" symbolisiert den Hagel und im übertragenen Sinne auch den „Hagel der Schlacht", also Speere und Pfeile.

Auf dem ägyptischen Zollstock (der „Königs-Elle") wird die „7" durch den Schakalgott Anubis, der auch das Urbild der Bestattungspriester ist, symbolisiert.

Der hebräische Buchstabe „Zajin", der für die „7" steht, stellt ein Schwert dar.

b) System-Symbolik der „7"

Im kabbalistischen Lebensbaum ist die Sephirah „Netzach" der Bereich der Impulse und Gefühle.

Im I Ging hat das Hexagramm „Shih" die Bedeutung „Heer" und daher sekundär auch „Schlacht, Wettstreit, Geschäft".

Die „8"

a) traditionell-mythologische Symbolik der „8"

In dem altsteinzeitlichen binären Zahlensystem gab es nur die Zahlen „1", „2", „4" und „8". Mit ihnen konnte man alle Zahlen darstellen, die man präzise brauchte – also die Zahlen bis 15: „8+4+2+1". Die „9" ist in diesem System eine „8+1" und die „11" ist eine „8+2+1".

Als „größte Zahl" wurde sie zur „runden Anzahl" und schließlich zur „vollkommenen Zahl". Daher wurde sie mit der Sonne assoziiert, die durch nichts beeinflußt werden kann. Zudem ergaben die vier Himmelsrichtungen zusammen mit den vier Zwischenrichtungen ebenfalls „8" – und die Himmelsrichtungen konnte man bis zur Erfindung des Kompass nur anhand des Sonnenstandes erkennen, wodurch die Himmelsrichtungen eng mit der Sonne assoziiert gewesen sind.

Auf dieser Symbolik beruht auch das Achteck als die Grundform der Archtektur in der Romanik.

Der Merkur wird in der westlichen Kultur auf Talismanen u.ä. traditionell auf einem Achteck (Oktagon) dargestellt. Dadurch wird auch die Merkur-Metalllegierung „Messing" mit der „8" assoziiert.

Die „Gerechtigkeit" aus dem Tarot stellt die Gerechtigkeit dar – „Justitia". Sie ist eng mit dem Gleichgewicht und der Ausgewogenheit assoziiert, die Grundelemente der Gerechtigkeit sind.

Die Rune „Naut" symbolisiert das Meer und die Not – aber nicht nur die Not der Seefahrer.

Auf dem ägyptischen Zollstock (der „Königs-Elle") wird die „8" durch die Muttergöttin Nephthys symbolisiert.

Der hebräische Buchstabe „Chet, der für die „8" steht, stellt einen Zaun oder ein ähnliches Hindernis dar.

b) System-Symbolik der „8"

Im kabbalistischen Lebensbaum ist die Sephirah „Hod" der Bereich der Gedanken und Strukturen.

Im I Ging hat das Hexagramm „Pi " die Bedeutung „Harmonie, Zusammenarbeit, Vereinigung".

Die „9"

a) traditionell-mythologische Symbolik der „9"

Als Schritt, der auf die Vollkommenheit der „8" folgt, kann die „9" nur die Zerstörung und der Tod sein. Nachdem die „12" die Symbolik der „8" übernommen hat, rückte die „13" an die Stelle der „9" und ihrer Jenseits-Symbolik.

Der Mond wird in der westlichen Kultur auf Talismanen u.ä. traditionell auf einem Neuneck dargestellt. Dadurch wird auch das Mond-Metall „Silber" mit der „9" assoziiert.

Der „Einsiedler" aus dem Tarot symbolisiert Rückzug, Besinnung, Kontemplation, Forschung u.ä. – was durchaus zu der Jenseitssymbolik der „9" paßt.

Die Rune „Is" symbolisiert das Eis.

Auf dem ägyptischen Zollstock (der „Königs-Elle") wird die „9" durch den Falkengott Horus, der das Urbild des Seelenvogels ist, symbolisiert.

Der hebräische Buchstabe „Tet", der für die „9" steht, stellt ein Rad dar.

b) System-Symbolik der „9"

Im kabbalistischen Lebensbaum ist die Sephirah „Yesod" der Bereich der Wahrnehmungen und Erinnerungen.

Im I Ging hat das Hexagramm „Hsioa Ch'u" die Bedeutung „die Zähmung der kleinen Kräfte": Ruhe, Zurückhaltung, Vorbereitung.

Das Ba-Gua im Feng-Shui hat 3·3=9 Felder – aber das Ba-Gua wird normalerweise nicht mir der „9" assoziiert.

Die „10“

a) traditionell-mythologische Symbolik der „10“

Die „10“ wird manchmal mit der Erde als Planet und als Boden unter unseren Füßen assoziiert. Als Symbol erscheinen dabei hin und wieder zwei kombinierte Pentagramm, von denen das eine nach oben und das andere nach unten weist.

Das „Lebensrad“ (Schicksalsrad) aus dem Tarot symbolisiert das Auf und Ab des Lebens.

Die Rune „Algiz“ symbolisiert den Elch und im weiteren Sinne auch den Hirsch.

Der hebräische Buchstabe „Jod“, der für die „10“ steht, stellt eine Hand dar.

b) System-Symbolik der „10“

Im kabbalistischen Lebensbaum ist die Sephirah „Malkuth“ der Bereich des Körpers und allgemein der Materie.

Im I Ging hat das Hexagramm „Lu“ die Bedeutung „das Auftreten“. Dadurch kann man einen Rat erhalten.

Die „11“

a) traditionell-mythologische Symbolik der „11“

Der „Stärke“ aus dem Tarot symbolisiert Stärke und Selbstbeherrschung.

Die Rune „Sol“ symbolisiert die Sonne.

b) System-Symbolik der „11“

Im I Ging hat das Hexagramm „T'ai“ die Bedeutung „der Frieden“ und daher sekundär auch „Wohlstand, Aufblühen, Harmonie“.

Die „12"

a) natürliche Symbolik der „12"

der 12-geteilte Kreis

Die derzeitige physikalische Theorie, mit der die Welt beschrieben wird, ist die Superstring-Theorie. Ein Superstring ist ein Kreis, der wie wie eine Saite (englisch: „string") mit einer stehenden Welle schwingt. Diesen Superstring kann man sich bildhaft als eine Saite, die zu einem Kreis gespannt worden ist, vorstellen. Auf diesem Superstring gibt es 12 Punkte im Abstand von 30°, die stets in Ruhe sind. Die Bereiche dazwischen schwingen abwechselnd auf und ab. Es gibt also 12 scharf voneinander abgegrenzte Bereiche auf diesem String.

Die Superstrings wurden ursprünglich nach ihrem Entdecker „Heisenberg'sche Spinketten" genannt.

Genau dieselbe Struktur hat auch der Tierkreis: 12 Tierkreiszeichen von 30° Länge, die scharf voneinander abgegrenzt sind.

die drei Abschnitte der 12 Teile

Ein solcher 30°-Abschnitt auf einem Superstring schwingt in seiner Mitte am höchsten und an seinen beiden Enden deutlich flacher – die Schwingung ist eine Sinuskurve.

Die verschieden starke Schwingung auf den 12 abgegrenzten Bereichen des Superstrings entsprechen den drei 10°-Abschnitten eines jeden Tierkreiszeichens, die sich geringfügig von ihrer Qualität her unterscheiden.

die 3·4=12 Teile

Es gibt in der Physik 12 grundlegende Elementarteilchen. Sie sind eine Gruppe von vier Teilchen (up-Quark, down-Quark, Elektron, Neutrino), die in drei verschiedenen Größen vorkommen.

Dies entspricht in der Astrologie den vier Elementen (Feuer, Wasser, Luft, Erde), die in drei verschiedenen Dynamiken (kardinal, fix, beweglich) vorkommen.

die platonischen Körper

Die Symbolik der „12" als der kleinsten, in sich ruhenden Einheit (Elementarteilchen, Tierkreis) ergibt sich aus der Kombination (d.h. Multiplikation) des Zusammenhalts der „3" und des Raumaufspannens der „4". In der „12" finden sich auch die Identität der „1", der Ergänzungs-Gegensatz der „2" und die Gruppenbildung der „3". Die „12" faßt also alle bekannten natürlichen Zahlensymboliken zusammen und erschafft aus ihnen die „ruhende Form".

Interessanterweise finden sich diese Zahlen auch bei den Oberflächen der fünf platonischen Körper, die nur aus einer Sorte von gleichseitigen Flächen (Dreieck, Quadrat, Pentagon = Fünfeck, Hexagon = Wabe) bestehen:

- Tetraeder (Dreieckpyramide):   4 gleichseitige Dreiecke (3)
- Hexaeder (Würfel):   6 Quadrate (4)
- Oktaeder: 8 Dreiecke (3)
- Dodekaeder: 12 Fünfecke (5)
- Ikosaeder: 20 Dreiecke (3)

Man kann noch die drei Formen hinzunehmen, aus denen man Flächen bilden kann:

- Dreiecke (3)
- Quadrate (4)
- Hexagone = Waben (6)

Der Punkt hat die Zahl „1" und die Linie die Zahl „2" (zwei Enden).
In der folgenden Übersicht sind die natürliche Symbolzahlen dunkelgrau hinterlegt:

natürliche Symbolzahlen und platonische Körper					
platonische Körper und Flächen aus gleichen Formen sowie Punkt und Linie	Anzahl der Ecken	Anzahl der Kanten	Anzahl der Flächen	Anzahl der Ecken der Flächen	Anzahl der Flächen, die an einer Ecke zusammentreffen
Dreieck-Pyramide	4	6	4	3	3
Würfel	8	12	6	4	3
Pentagon-Dodekaeder	20	30	12	5	3
Dreieck-Oktaeder	6	12	8	3	4
Dreieck-Ikosaeder	12	30	20	3	5
Dreieck-Fläche	-	-	-	3	6
Quadrat-Fläche	-	-	-	4	4
Waben-Fläche	-	-	-	6	3
Punkt	-	-	-	1	-
Linie	-	-	-	2	1

Die möglichen Anzahlen der Ecken der einzelnen Flächen (3, 4, 5, 6) sowie die möglichen Anzahlen der Flächen, die sich an einer Ecke treffen (3, 4, 5, 6) stimmen überein und sind zudem alles Zahlen mit einer natürlichen Symbolik.

Die übrigen Zahlen in dieser Übersicht (8, 20, 30) ergeben sich aus einfachen Multiplikationen von Zahlen mit natürlicher Symbolik: 2·4=8; 4·5=20; 6·5=30.

Diese Betrachtung verstärkt den Eindruck, daß die „5" zu den Zahlen mit einer natürlichen Symbolik gehört.

die natürlichen Symbolzahlen

Alle diese natürlichen Symbolzahlen finden sich als astrologische Aspekte wieder. Diese sieben Aspekte stellen die möglichen Abstände zwischen zwei Tierkreiszeichen dar. Da es 12 Tierkreiszeichen gibt und der Kreis 360° hat, hat jedes Tierrkeiszeichen eine Länge von 30°. Die möglichen Aspekte haben daher ein Mehrfaches von 30°.

die astrologischen Aspekte				
Name	*Größe in X°*	*Größe als Bruch*	*Symbolzahl*	*Qualität*
Konjunktion	0·30° = 0°	gleicher Ort	1	Einheit
Halbsextil	1·30° = 30°	Zwölftelkreis	12	Entwicklung
Sextil	2·30° = 60°	Sechstel-Kreis	6	Kontakt
Quadrat	3·30° = 90°	Viertelkreis	4	Trennung
Trigon	4·30° = 120°	Drittelkreis	3	Verbindung
Quincunx	5·30° = 150°	5/12-Kreis	5	Verarbeitung
Opposition	6·30° = 180°	halber Kreis	2	Gegensatz

Die natürlichen Symbolzahlen leiten sich also aus dem Tierkreis und von dem Superstring her, die beide ein Kreis mit einer Einteilung in 12 gleichgroße Teile sind. Der Tierkreis und der Superstring sind dieselbe Struktur auf der Bewußtseins-Innenseite der Welt (Tierkreis) und auf der Materie-Außenseite der Welt (Superstring).

Da alle Dinge diese 12-Struktur als Grundbaustein enthalten, werden auch alle Dinge von dem Charakter der „12" sowie den in ihr enthaltenen Zahlen „1", „2", „3", „4", „5" und „6" geprägt. Dies sind daher die sieben natürlichen Symbolzahlen.

b) traditionell-mythologische Symbolik der „12"

Die 12 Tierkreiszeichen haben zu vielen 12-er-Gruppen inspiriert: die 12 Götter auf dem Olymp, die 12 Götter in Asgard, die 12 Apostel usw.

Der „Hängende" aus dem Tarot symbolisiert das Selbstopfer, die Hingabe, das Fieber der Heilung, die Therapie, die Jenseitsreise usw.

Die Rune „Tyr" symbolisiert den ursprünglichen Sonnengott-Göttervater der Germanen, der als Sonnengott jede Nacht durch die Unterwelt gereist ist.

Bei den Germanen wurde man mit 12 Jahren erwachsen und konnte dann z.B. auch ein Drachenschiff befehligen.

c) System-Symbolik der „12"

Im I Ging hat das Hexagramm „P'i" die Bedeutung „Stagnation" und somit auch „Armut, harte Zeiten".

Die „13"

a) traditionell-mythologische Symbolik der „13"

Die „13" ist um „1" größer als die „12". Da die „12" die vollkommene Zahl ist, ist dieser Schritt aus der „12" heraus die Zerstörung der Vollkommenheit und somit der Tod.

Der „Tod" aus dem Tarot symbolisiert den Tod und allgemein alle Arten von Verwandlungen.

Die Rune „Biarka" symbolisiert die Birke.

b) System-Symbolik der „13"

Im I Ging hat das Hexagramm „T'ung Jen" die Bedeutung „die Bruderschaft der Menschen": Vereinigung, Zusammenarbeit, eine Gruppe mit einem gemeinsamen Ziel".

Die „14"

a) traditionell-mythologische Symbolik der „14"

Die „14" ist in seltenen Fällen ein halber Mondzyklus zu 28 Tagen.

Der „Mäßigkeit" aus dem Tarot symbolisiert das rechte Maß.

Die Rune „Man" symbolisiert Mannus, den Urahn der Menschen.

Auf dem ägyptischen Zollstock (der „Königs-Elle") wird die „14" durch den Ibisgott Thot, der der Gott der Schrift und der Weisheit ist, symbolisiert.

b) System-Symbolik der „14"

Im I Ging hat das Hexagramm „Ta Yu" die Bedeutung „der große Besitz": Reichtum, Wohlstand, Erfolg.

Die „15"

a) traditionell-mythologische Symbolik der „15"

Der „Teufel" aus dem Tarot symbolisiert das Verdrängte, den Schatten, das Gefürchtete und natürlich auch den Teufel.

Die Rune „Lögr" symbolisiert Wasser (Laach, Laache, englisch: lake").

b) System-Symbolik der „15"

Im I Ging hat das Hexagramm „Ch'ien" die Bedeutung „Bescheidenheit".

Die „16"

a) traditionell-mythologische Symbolik der „16"

Im Tarot gibt es 16 Hofkarten (Könige, Königinnen, Ritter und Knappen). Diese Herleitung der „16" wird jedoch fast nie als Symbolik benutzt.

Der „Turm" aus dem Tarot symbolisiert plötzliche Zerstörung („der Turm zu Babel").

Die Rune „Yr" symbolisiert die Eibe.

b) System-Symbolik der „16"

Die „16" ist die Verdopplung der „8" und auch eine Zahl im binären System. Sie teilt daher gelegentlich die Symbolik der „8".

Im I Ging hat das Hexagramm „Yu" die Bedeutung „Glückseligkeit" und auch die Bedeutung „Vorbereitung, Begeisterung".

Das Ifa-Orakel aus Westafrika beruht auf einer Fläche von $16 \cdot 16 = 256$ Feldern (siehe dazu auch die Symbolik der „64").

Die „17"

a) traditionell-mythologische Symbolik der „17"

Der „Stern" aus dem Tarot symbolisiert Ziele, Wünsche und Ideale sowie Wunschträume.

Die Rune „Ehwaz" symbolisiert das Pferd.

b) System-Symbolik der „17"

Im I Ging hat das Hexagramm „Sui" die Bedeutung „die Folge": eine Annäherung.

Die „18"

a) traditionell-mythologische Symbolik der „18"

Der „Mond" aus dem Tarot symbolisiert Träume, das Unterbewußsein, die Unterwelt und alles Verborgene.

Die Rune „Gifu" symbolisiert eine Gabe, ein Geschenk.

b) System-Symbolik der „18"

Im I Ging hat das Hexagramm „Ku" die Bedeutung „die Arbeit nach der Schädigung".

Der Umlauf des Mondknotens dauert ca. 18 Jahre, weshalb die „18" bisweilen die Symbolik einer „größeren Veränderung" haben kann.

Die „19"

a) traditionell-mythologische Symbolik der „19"

Die „Sonne" aus dem Tarot symbolisiert die Mitte, das Strahlen, das Selbst und natürlich auch die Sonne selber.

b) System-Symbolik der „19"

Im I Ging hat das Hexagramm „Lin" die Bedeutung „die Annäherung".

Die „20"

a) traditionell-mythologische Symbolik der „20"

Die „Auferstehung" aus dem Tarot symbolisiert eine Heilung, eine Regeneration, eine Reparatur und die Auferstehung sowie auch eine Astralreise.

Der hebräische Buchstabe „Kaph", der für die „20" steht, symbolisiert eine Handfläche.

b) System-Symbolik der „20"

Im I Ging hat das Hexagramm „Kuan" die Bedeutung „die Beobachtung".

Bei den Germanen ist die „20" manchmal eine „große „2".

Die „21"

a) traditionell-mythologische Symbolik der „21"

Der „Welt" aus dem Tarot symbolisiert die gesamte Welt und auch die Ganzheit eines Menschen oder einer Sache sowie den Rhythmus des Lebenstanzes.

b) System-Symbolik der „21"

Im I Ging hat das Hexagramm „Shih Ho" die Bedeutung „das Kauen": Gerechtigkeit, Streiten, Hindernisse.

Die „22"

a) System-Symbolik der „22"

Im I Ging hat das Hexagramm „Pi" die Bedeutung „die Anmut": der Schmuck, Schönheit.

Bei den Germanen ist die „22" manchmal eine „große 2".

Die „23"

a) System-Symbolik der „23"

Im I Ging hat das Hexagramm „Po" die Bedeutung „der Verfall".

Die „24"

a) System-Symbolik der „24"

Im I Ging hat das Hexagramm „Fu" die Bedeutung „die Rückkehr" oder auch „die Wiederbelebung".

Manchmal wird die „24" als „große 12" oder als ein Paar von zwei „12" angesehen – insbesondere als die 12 Tagesstunden und die 12 Nachtstunden, die zusammen den Tag ergeben. Manchmal erscheinen auch 12 Götter und 12 Göttinnen als der Kern einer Götterwelt.

Die „25"

a) System-Symbolik der „25"

Im I Ging hat das Hexagramm „Wu Wang" die Bedeutung „das Unerwartete" oder auch „die Unschuld", womit eine Spontanität ohne jede Berechnung gemeint ist.

Die Symbolik eines „Viertels von Hundert", die man eigentlich erwarten könnte, scheint es nicht zu geben.

Die „26"

a) System-Symbolik der „26"

Im I Ging hat das Hexagramm „Ta Ch'u" die Bedeutung „die Zähmung der großen Kräfte": Konzentration auf ein großes Unternehmen.

Die „27"

a) System-Symbolik der „27"

Im I Ging hat das Hexagramm „I" die Bedeutung „die Ernährung".

Die „28"

a) traditionell-mythologische Symbolik der „28"

Die „28" weist oft auf den Mondzyklus von 28 Tagen hin, also auf die Dauer von einem Vollmond bis zum nächsten Vollmond (die „28" ist in diesem Zusammenhang nicht ganz präzise). Von dieser Symbolik leitet sich auch die Dauer eines Monats ab, dessen Namen von „Mond" abstammt ist.

b) System-Symbolik der „28"

Im I Ging hat das Hexagramm „Ta Kuo" die Bedeutung „das große Übermaß", womit u.a. auch etwas Außergewöhnliches gemeint ist.

Die „29"

a) System-Symbolik der „29"

Im I Ging hat das Hexagramm „K'an" die Bedeutung „Wasser", womit „Gefahr, Unglück, eine schwierige Lage" assoziiert wird.

Die „30"

a) traditionell-mythologische Symbolik der „30"

Der hebräische Buchstabe „Lamed", der für die „30" steht, bedeutet „Übung, Lehre".

b) System-Symbolik der „30"

Als der Begriff „Monat", der aus einer am Mond orientierten Zeitrechnung stammt, in die am Sonnenlauf orientierten Zeitrechnung eingefügt worden ist, ist er auf von 28 auf 30 Tage vergrößert worden. Zu den 12·30=360 Tagen kamen dann noch fünf Schalttage hinzu, die vereinzelt an die Monate angehängt wurden, sodaß einige von ihnen 31 Tage erhielten.

Die Tierkreiszeichen sind jeweils 30° lang.

Im I Ging hat das Hexagramm „Li" die Bedeutung „das Feuer" und auch „Sonne, Glanz, Helligkeit".

Die „31"

a) System-Symbolik der „31"

Im I Ging hat das Hexagramm „Hsien" die Bedeutung „Anziehung, Anregung, Zuneigung" aber auch „Empfindlichkeit".

Die „32"

a) System-Symbolik der „32"

Im I Ging hat das Hexagramm „Heng" die Bedeutung „Dauer".

Die „33"

a) System-Symbolik der „33"

Im I Ging hat das Hexagramm „Tun" die Bedeutung „Rückzug, Zurückweichen", womit auch „Ruhestand, Rücktritt" gemeint sein kann.

Bei den Germanen ist die „33" manchmal eine „große 3".

Die „34"

a) System-Symbolik der „34"

Im I Ging hat das Hexagramm „Ta Chuang" die Bedeutung „die große Macht".

Die „35"

a) System-Symbolik der „35"

Im I Ging hat das Hexagramm „Chin" die Bedeutung „der Fortschritt": Aufbruch, Anbruch, Sonnenaufgang.

Die „36"

a) System-Symbolik der „36"

Im I Ging hat das Hexagramm „Ming I" die Bedeutung „die Verfinsterung des Lichtes", also u.a. die Nacht.

Die „37"

a) System-Symbolik der „37"

Im I Ging hat das Hexagramm „Chia Jen" die Bedeutung „die Familie" und somit auch „Verantwortung".

Die „38"

a) System-Symbolik der „38"

Im I Ging hat das Hexagramm „K'uei" die Bedeutung „Gegensatz, Kampf, Widerspruch".

Die „39"

a) System-Symbolik der „39"

Im I Ging hat das Hexagramm „Chien" die Bedeutung „Behinderung", was Schwierigkeiten und Gefahr impliziert.

Die „40"

a) traditionell-mythologische Symbolik der „40"

Die Anzahl der 40 Karten der Zahlen-Karten (die vier Elemente von 1 bis 10) im Tarot hat seltsamerweise keine eigenständige Symbolik entwickelt.

Der hebräische Buchstabe „Mem", der für die „40" steht, stellt eine Eule dar.

b) System-Symbolik der „40"

Im I Ging hat das Hexagramm „Hsieh" die Bedeutung „Befreiung".

Bei den Germanen ist die „40" manchmal eine „große 4". Aus unklaren Gründen erscheint die „40" bei den Germanen auch als Zahl des Jenseits – evtl. im Sinne von „hinter (=10) dem Horizont (=4)".

Die „41"

a) System-Symbolik der „41"

Im I Ging hat das Hexagramm „Sun" die Bedeutung „die Verringerung": Abnahme, Verlust.

Die „42"

a) System-Symbolik der „42"

Im I Ging hat das Hexagramm „I" die Bedeutung „die Vermehrung" und somit auch „Vorteile, Nutzen".

Die „43"

a) System-Symbolik der „43"

Im I Ging hat das Hexagramm „Kuai" die Bedeutung „Entschlossenheit", wozu auch „Entscheidung" gehört.

Die „44"

a) System-Symbolik der „44"

Im I Ging hat das Hexagramm „Kou" die Bedeutung „das Zusammentreffen" und sekundär auch „Freundschaften, neue Umstände".

Bei den Germanen ist die „44" manchmal eine „große 4".

Die „45"

a) System-Symbolik der „45"

Im I Ging hat das Hexagramm „Ts'ui" die Bedeutung „das Versammeln": Feier, Party, Ritual, Tagung.

Die „46"

a) System-Symbolik der „46"

Im I Ging hat das Hexagramm „Sheng" die Bedeutung „das Aufsteigen": Beförderung, Ausdehnung, das Wachstum der Pflanzen.

Die „47"

a) System-Symbolik der „47"

Im I Ging hat das Hexagramm „K'un" die Bedeutung „Bedrängnis, Enge Einge-schlossensein".

Die „48"

a) System-Symbolik der „48"

Im I Ging hat das Hexagramm „Ching" die Bedeutung „Brunnen".

Die „49"

a) System-Symbolik der „49"

Im I Ging hat das Hexagramm „Ko" die Bedeutung „Revolution": Reform, Erneuerung, Umsturz, Veränderung.

Die „50"

a) traditionell-mythologische Symbolik der „50"

Der hebräische Buchstabe „Nun", der für die „50" steht, stellt eine Schlange oder Wasser dar.

Die Symbolik eines „Viertels von Hundert", die man eigentlich erwarten könnte, scheint es nicht zu geben.

b) System-Symbolik der „50"

Im I Ging hat das Hexagramm „Ting" die Bedeutung „Kessel".

Bei den Germanen ist die „50" manchmal eine „große 5".

Die „51"

a) System-Symbolik der „51"

Im I Ging hat das Hexagramm „Chen" die Bedeutung „Donner", womit auch „Stoß, Erwecken, Bedrohung, Furcht, Erschütterung" gemeint ist.

Die „52"

a) traditionell-mythologische Symbolik der „52"

Die Zahl der 52 Wochen im Jahr scheint keine eigenständige Symbolik entwickelt zu haben.

b) System-Symbolik der „52"

Im I Ging hat das Hexagramm „Ken" die Bedeutung „Stille", was auch ein Hinweis auf die Meditation ist.

Die „53"

a) System-Symbolik der „53"

Im I Ging hat das Hexagramm „Chien" die Bedeutung „die allmähliche Entwicklung": Verbesserung, Anwachsen.

Die „54"

a) traditionell-mythologische Symbolik der „54"

Bei den Germanen ist die „54" der einzige Fall einer „verkleinerten Zahl" – sie wurde als verkleinerte „540" angesehen. Da die „540" die Zahl des ehemaligen Sonnengottes, Göttervaters und Schwertgottes Tyr gewesen ist, konnte die „54" als die Zahl des Schwertes des Tyr aufgefaßt werden.

Es ist jedoch nicht ganz sicher, ob es sich bei dieser „54" um eine Symbolik oder um ein Rätsel gehandelt hat …

b) System-Symbolik der „54"

Im I Ging hat das Hexagramm „Luei Mei" die Bedeutung „das heiratende Mädchen" und daher auch „Heirat, Erfüllung, Früchtetragen, endgültiger Entschluß".

Die „55"

a) System-Symbolik der „55"

Im I Ging hat das Hexagramm „Feng" die Bedeutung „Größe".

Die „56"

a) traditionell-mythologische Symbolik der „56"

Die Anzahl der 56 Karten der Kleinen Arkana im Tarot (40 Zahlenkarten und 16 Hofkarten) hat keine eigene Symbolik entwickelt.

b) System-Symbolik der „56"

Im I Ging hat das Hexagramm „Lu" die Bedeutung „der Verbannte" und davon abgeleitet auch „Fremder, Reisen, Wandern".

Die „57"

a) System-Symbolik der „57"

Im I Ging hat das Hexagramm „Sun" die Bedeutung „Wind, die Durchführung", aber auch „Wald, Durchdringung".

Die „58"

a) System-Symbolik der „58"

Im I Ging hat das Hexagramm „Tui" die Bedeutung „Freude" und auch „Glückseligkeit, Schönheit".

Die „59"

a) System-Symbolik der „59"

Im I Ging hat das Hexagramm „Huan" die Bedeutung „die Zerstreuung": Auflösung, Trennung.

Die „60"

a) traditionell-mythologische Symbolik der „60"

Der hebräische Buchstabe „Samech", der für die „60" steht, stellt einen Säule dar.

b) System-Symbolik der „60"

Im I Ging hat das Hexagramm „Chieh" die Bedeutung „die Beschränkung", was auch „Überwachung" und „Sparsamkeit" miteinbezieht.

Bei den Germanen ist die „60" manchmal eine „große 6".

Die „61"

a) System-Symbolik der „61"

Im I Ging hat das Hexagramm „Chung Fu" die Bedeutung „innere Wahrhaftigkeit" sowie „Aufrichtigkeit, Vertrauen" und „der, dem andere vertrauen".

Die „62"

a) System-Symbolik der „62"

Im I Ging hat das Hexagramm „Hsiao Kup" die Bedeutung „das geringe Übermaß". Dieses Hexagramm kann auch ein Hinweis auf einen kleiner Fehler mit evtl. großer Wirkung sein.

Die „63"

a) System-Symbolik der „63"

Im I Ging hat das Hexagramm „Chi Chi" die Bedeutung „Vollendung" oder „erfolgreicher, glücklicher Abschluß".

Die „64"

a) System-Symbolik der „64"

Im I Ging hat das Hexagramm „Wei Chi" die Bedeutung „vor der Vollendung" und weist auch auf eine Zeit großer Anstrengung oder Konzentration vor dieser Vollendung hin.

Die „64" ist gehört zu den binären Zahlen (1, 2, 4, 8, 16, 32, 64 …) und kann daher auch die Symbolik der Vollkommenheit haben. Die Hexagramme des I Ging werden auf einem Feld von 8·8=64 Feldern angeordnet. Dieses Feld ist die Grundlage für das Schach-Brett und das Dame-Brett. Das Go-Spiel mit seinen 19·19=361 Feldern ist vermutlich eine Vergrößerung des Schach-Brettes.

Die „70“

a) traditionell-mythologische Symbolik der „70“

Der hebräische Buchstabe „Ajin" (Ayn), der für die „70" steht, stellt ein Auge dar.

b) System-Symbolik der „70“

Bei den Germanen ist die „70" manchmal eine „große 7".

Die „77“

a) System-Symbolik der „77“

Bei den Germanen ist die „77" manchmal eine „große 7".

Die „80“

a) traditionell-mythologische Symbolik der „80“

Der hebräische Buchstabe „Pe", der für die „80" steht, stellt einen Mund dar.

b) System-Symbolik der „80“

Bei den Germanen ist die „80" manchmal eine „große 8".

Die „88“

a) System-Symbolik der „80“

Bei den Germanen ist die „88" manchmal eine „große 8".

Die „90"

a) traditionell-mythologische Symbolik der „90"

Der hebräische Buchstabe „Tzade" (Tzadi), der für die „90" steht, stellt einen Papyrus oder allgemein eine Pflanze dar. Tzade wird manchmal auch als Harpune aufgefaßt.

b) System-Symbolik der „90"

Bei den Germanen ist die „90" manchmal eine „große 9".

Die „99"

a) System-Symbolik der „99"

Bei den Germanen ist die „99" manchmal eine „große 9".

Die „100"

a) traditionell-mythologische Symbolik der „100"

Im Dezimalsystem hat die „100" die Assoziation „viele".

Der hebräische Buchstabe „Koph" (Sophia), der für die „100" steht, stellt einen Affen dar.

b) System-Symbolik der „100"

Bei den Germanen hat die „100" zwei Bedeutungen: zum einen das Lebensalter eines eines Menschen (100 Jahre) und zum anderen das Größte in einem Bereich – so ist z.B. die „900" die Jenseitsgöttin, also das Größte im Bereich der „9" also im Bereich der Unterwelt.

Die „108"

a) traditionell-mythologische Symbolik der „108"

Die Symbolik der „108" ergibt sich aus einem alten indogermanischen „Zahlenspiel": $1 \cdot 2 \cdot 2 \cdot 3 \cdot 3 \cdot 3 = 108$ oder anders geschrieben $1^1 \cdot 2^2 \cdot 3^3 = 108$. Hier sind offensichtlich die drei wichtigsten Symbolzahlen zusammengefaßt worden.

Da die „108" stets im Zusammenhang mit der Sonne bzw. dem Sonnengott auftritt, ist die „108" wohl als „der eine Sonnengott, der durch die beiden Welten wandert" aufzufassen.

Die „1" ist „der eine Sonnengott"; die „2" sind „die beiden Welten", d.h. das Tages-Diesseits und das Nacht-Jenseits; und die „3" ist das Wandern der Sonne, das man in der Jungsteinzeit in Europa und Asien als Sonnenscheibe mit drei Beinen dargestellt hat (Triskelis).

Von dieser Symbolik leitet sich z.B. in Indien das 108-malige Sprechen eines Mantras ab.

Die „200"

a) traditionell-mythologische Symbolik der „200"

Der hebräische Buchstabe „Resch", der für die „200" steht, stellt einen Kopf dar.

b) System-Symbolik der „200"

Bei den Germanen ist die „200" manchmal „das Größte im Bereich der 2".

Die „256"

a) System-Symbolik der „200"

In Westafrika ist die „256" die Anzahl der Felder des Ifa-Orakels, das $16 \cdot 16$ Felder hat.

Die „300"

a) traditionell-mythologische Symbolik der „300"

Der hebräische Buchstabe „Shin", der für die „300" steht, stellt einen Zahn dar.

b) System-Symbolik der „300"

Bei den Germanen ist die „300" manchmal „das Größte im Bereich der 3". Meistens ist jedoch „endloser Zyklus (3) von Leben (100)" gemeint, d.h. der Lauf der Sonne und somit die endlosen Leben und Tode des Sonnengott-Göttervaters Tyr.

Die „360"

a) traditionell-mythologische Symbolik der „360"

Das Jahr wurde ursprünglich als 12 Monate zu jeweils 30 Tagen gerechnet. Dazu kamen dann noch 5 zusätzliche Tage, um die tatsächliche Jahreslänge von 365 Tagen zu erreichen. Da es genauer gesagt 365,25 Tage sind, kommt alle vier Jahre noch ein Schalttag hinzu – der heute der 29. Februar ist.

Von diesen $12 \cdot 30 = 360$ Tagen des Jahreskreises ist auch die Einteilung des Kreises in der Geometrie in 360° abgeleitet worden.

Die „360" symbolisiert daher etwas Rundes, Ganzes, Zyklisches.

Die „361"

a) System-Symbolik der „360"

Die $19 \cdot 19 = 361$ Felder des Go-Spiels werden vermutlich höchstens in Asien eine Assoziation hervorrufen.

Die „365"

a) traditionell-mythologische Symbolik der „365"

Die „365" ist fest mit der Anzahl der Tage im Jahr und daher auch mit dem Jahr selber assoziiert.

Die „400"

a) traditionell-mythologische Symbolik der „400"

Der hebräische Buchstabe „Taw" (Tau), der für die „400" steht, stellt ein Kreuz bzw. einen Stern dar. Er wird auch zur Markierung eines Endes verwendet, also wie Punkt am Ende eines Satzes. Das „Tau" ist daher auch ein Vollendungs-Symbol.

b) System-Symbolik der „400"

Bei den Germanen ist die „400" manchmal „das Größte im Bereich der 4".

Die „500"

a) traditionell-mythologische Symbolik der „500"

Der hebräische Buchstabe „Kaph", der für die „500" steht, stellt eine Handfläche dar. Er ist auch das Symbol für die „20".

b) System-Symbolik der „500"

Bei den Germanen ist die „500" manchmal „das Größte im Bereich der 5".

Die „540"

a) traditionell-mythologische Symbolik der „540"

Aus der Sonnenzahl „108" der Indogermanen haben die Germanen durch die Multiplikation mit „5" die Anzahl der Tore der Halle des Sonnengott-Göttervaters Tyr abgeleitet, die später von Odin und Thor übernommen worden ist. Leider ist die Bedeutung der „5" in diesem Zusammenhang unklar. Ist vielleicht entsprechend der Pentagramm-Symbolik „Herrschaft" gemeint? Allerdings erscheint das Pentagramm bei den Germanen nicht als Symbol.

Von dieser „540" des Schwertgottes Tyr ist die „54" als Zahl des Schwertes des Tyr abgeleitet worden.

Die „600"

a) traditionell-mythologische Symbolik der „600"

Der hebräische Buchstabe „Mem" stellt eine Eule dar. Mem hat eigentlich den Zahlenwert „40", wird aber auch zur Schreibung der „600" verwendet.

b) System-Symbolik der „600"

Bei den Germanen ist die „600" manchmal „das Größte im Bereich der 6".

Die „666"

a) traditionell-mythologische Symbolik der „666"

Die Zahl „666" ist vor allem aus der Johannesoffenbarung bekannt. Sie ist als Vielfaches der „6" ursprünglich eine Sonnenzahl gewesen, ist jedoch zu dem Gegner Gottes bzw. Christi (die oft mit der Sonne verglichen wurden) umgedeutet worden.

Vermutlich ist dies im christlichen Bereich eine der bekanntesten Symbolzahlen.

Die „700"

a) traditionell-mythologische Symbolik der „700"

Der hebräische Buchstabe „Nun" stellt das Wasser oder eine Schlange dar. Dem Buchstaben „Nun" ist eigentlich die Zahl „50" zugeordnet, aber sie wird sekundär auch zur Schreibung der „700" benutzt.

b) System-Symbolik der „700"

Bei den Germanen ist die „700" manchmal „das Größte im Bereich der 7".

Die „800"

a) traditionell-mythologische Symbolik der „800"

Der hebräische Buchstabe „Pe" stellt einen Mund dar. Pe ist primär die Zahl „80", wird aber auch für die „800" verwendet.

b) System-Symbolik der „800"

Bei den Germanen ist die „800" manchmal „das Größte im Bereich der 8", also „das Größte im Bereich der Vollkommenheit". Damit ist im allgemeinen etwas gemeint, was mit der „vollkommenen Sonne", d.h. mit Tyr in Zusammenhang steht.

Die „900“

a) traditionell-mythologische Symbolik der „900“

Der hebräische Buchstabe „Tzade“ (Tzadi) stellt einen Papyrus oder allgemein eine Pflanze dar, wird aber auch als Harpune aufgefaßt. Dieses Symbolzeichen für die „90“ wird auch für die „900“ benutzt.

b) System-Symbolik der „900“

Bei den Germanen ist die „900“ manchmal „das Größte im Bereich der 9“. So hat z.B. die Göttin („100“) im Jenseits („9“) 900 Köpfe.

Die „1000“

a) traditionell-mythologische Symbolik der „1000“

Im Dezimalsystem ist die „1000“ die „sehr große Zahl“. Diese Symbolik findet sich auch bei den Germanen.

Die „1001“

a) traditionell-mythologische Symbolik der „1001“

Im arabischen Raum hat die „1001“ die Bedeutung „noch mehr als ganz viele“.
In ähnlicher Weise gibt es im europäischen Raum die alte Redewendung „nach Jahr und Tag“, also „nach einem Jahr und einem Tag“. Auch dieser Redewendung liegt das Bild von „mehr als die ganz große Anzahl“ zugrunde.

Die „1.000.000"

a) traditionell-mythologische Symbolik der „1.000.000"

Im Dezimalsystem ist die „1000" die „unglaublich große Zahl". Diese Symbolik findet sich auch bei den Ägyptern.

Bücher von Harry Eilenstein

„Magie für Anfänger"

- Telepathie für Anfänger (60 S.)
- Telepathie für Fortgeschrittene (52 S.)
- Telekinese für Anfänger (52 S.)
- Lebenskraft für Anfänger (60 S.)
- Meditation für Anfänger (56 S.)
- Hypnose für Anfänger (56 S.)
- Auto-Movement für Anfänger (56 S.)
- Ritual-Magie für Anfänger (56 S.)
- Mandalas für Anfänger (68 S.)
- Geldzauber für Anfänger (56 S.)
- Liebeszauber für Anfänger (52 S.)
- Evokationen für Anfänger (60 S.)
- Elfen für Anfänger (56 S.)
- Magie-Forschung für Anfänger (140 S.)
- Selbsterkenntnis für Anfänger (52 S.)
- Zahlensymbolik für Anfänger (60 S.)

Magie

- Handbuch für Zauberlehrlinge (408 S.)
- Tarot (104 S.)
- Physik und Magie (184 S.)
- Die Magie-Formel (156 S.)
- Krafttiere – Tiergöttinnen – Tiertänze (112 S.)
- Schwitzhütten (524 S.)

Meditation

- Der Lebenskraftkörper (230 S.)
- Die Chakren (100 S.)
- Das Chakren-System mit den Nebenchakren (296 S.)
- Meditation (140 S.)
- Drachenfeuer (124 S.)
- Reinkarnation (156 S.)
- einsgerichtet (140 S.)

Astrologie

- Astrologie (496 S.)
- Photo-Astrologie (428 S.)
- Die astrologischen Aspekte (88 S.)
- Horoskop und Seele (120 S.)

Kabbala

- Kursus der praktischen Kabbala (150 S.)
- Eltern der Erde (450 S.)
- Blüten des Lebensbaumes:
  - Die Struktur des kabbalistischen Lebensbaumes (370 S.)
  - Der kabbalistische Lebensbaum als Forschungshilfsmittel (580 S.)
  - Der kabbalistische Lebensbaum als spirituelle Landkarte (520 S.)

Bücher von Harry Eilenstein

Religion allgemein	Psychologie

Religion allgemein

- Die sieben Schritte des Lebens (428 S.)
- Muttergöttin und Schamanen (168 S.)
- Göbekli Tepe (472 S.)
- Totempfähle (440 S.)
- Christus (60 S.)
- Dakini (80 S.)
- Vajra (76 S.)

Ägypten

- Hathor und Re 1:   Götter und Mythen im
  Alten Ägypten (432 S.)
- Hathor und Re 2:   Die altägyptische Religion –
  Ursprünge, Kult und Magie (396 S.)
- Isis (508 S.)

Indogermanen

- Die Entwicklung der indogermanischen
  Religionen (700 S.)
- Wurzeln und Zweige der indogermanischen
  Religion (224 S.)

Germanen

- Die Götter der Germanen (87 Bände)
- Odin (300 S.)

Kelten

- Cernunnos (690 S.)
- Der Kessel von Gundestrup (220 S.)
- Der Chiemsee-Kessel (76)

Psychologie

- Über die Freude (100 S.)
- Das Geheimnis des inneren Friedens (252 S.)
- Das Beziehungsmandala (52 S.)
- Gefühle und ihre Verwandlungen (404 S.)
- einsgerichtet (140 S.)
- Liebe und Eigenständigkeit (216 S.)
- Von innerer Fülle zu äußerem Gedeihen (52 S.)

Heilung

- Die Symbolik der Krankheiten (76 S.)

Kunst

- Herz des Tanzes – Tanz des Herzens (160 S.)

Drama

- König Athelstan (104 S.)

Die Themen der 87 Bände der Reihe „Die Götter der Germanen"

1. Die Entwicklung der germanischen Religion	44. Die Symbolik der Wassertiere und sonstigen Tiere
2. Lexikon der germanischen Religion	45. Die Symbolik der Pflanzen
3. Der ursprüngliche Göttervater Tyr	46. Die Symbolik der Farben
4. Tyr in der Unterwelt: der Schmied Wieland	47. Die Symbolik der Zahlen
5. Tyr in der Unterwelt: der Riesenkönig Teil 1	48. Die Symbolik von Sonne, Mond und Sternen
6. Tyr in der Unterwelt: der Riesenkönig Teil 2	49.a Das Jenseits I – Das Hügelgrab
7. Tyr in der Unterwelt: der Zwergenkönig	49.b Das Jenseits II – Der Jenseitsweg
8. Der Himmelswächter Heimdall	50. Seelenvogel, Utiseta und Einweihung
9. Der Sommergott Baldur	51. Wiederzeugung und Wiedergeburt
10. Der Meeresgott: Ägir, Hler und Njörd	52. Elemente der Kosmologie
11. Der Eibengott Ullr	53. Der Weltenbaum
12. Die Zwillingsgötter Alcis	54. Die Symbolik der Himmelsrichtungen und der Jahreszeiten
13. Der neue Göttervater Odin Teil 1	55.a Mythologische Motive I
14. Der neue Göttervater Odin Teil 2	55.b Mythologische Motive II
15. Der Fruchtbarkeitsgott Freyr	56. Der Tempel
16. Der Chaos-Gott Loki	57. Die Einrichtung des Tempels
17. Der Donnergott Thor	58. Priesterin – Seherin – Zauberin – Hexe
18. Der Priestergott Hönir	59. Priester – Seher – Zauberer
19. Die Göttersöhne	60. Rituelle Kleidung und Schmuck
20. Die unbekannteren Götter	61. Skalden und Skaldinnen
21. Die Göttermutter Frigg	62 Kriegerinnen und Ekstase-Krieger
22. Die Liebesgöttin: Freya und Menglöd	63. Die Symbolik der Körperteile
23. Die Erdgöttinnen	64.a Magie und Ritual I
24. Die Korngöttin Sif	64.b Magie und Ritual II
25. Die Apfel-Göttin Idun	64.c Magie und Ritual III
26. Die Hügelgrab-Jenseitsgöttin Hel	65. Gestaltwandlungen
27. Die Meeres-Jenseitsgöttin Ran	66.a Magische Angriffs-Waffen
28. Die unbekannteren Jenseitsgöttinnen	66.b Magische Verteidigungs-Waffen
29. Die unbekannteren Göttinnen	67. Magische Werkzeuge und Gegenstände
30. Die Nornen	68. Zaubersprüche
31. Die Walküren	69. Göttermet
32. Die Zwerge	70. Zaubertränke
33. Der Urriese Ymir	71. Träume, Omen und Orakel
34. Die Riesen	72. Runen
35. Die Riesinnen	73. Sozial-religiöse Rituale
36. Mythologische Wesen	74. Weisheiten und Sprichworte
37. Mythologische Priester und Priesterinnen	75. Kenningar
38. Sigurd/Siegfried	76. Rätsel
39. Helden und Göttersöhne	77. Die vollständige Edda des Snorri Sturluson
40. Die Symbolik der Vögel und Insekten	78. Frühe Skaldenlieder
41. Die Symbolik der Schlangen, Drachen und Ungeheuer	79.a Mythologische Sagas I
42.a Die Symbolik der Herdentiere I	79.b Mythologische Sagas II
42.b Die Symbolik der Herdentiere II	80. Hymnen an die germanischen Götter
43. Die Symbolik der Raubtiere	